Zwei Schultüten sind genau gleich. Kreise sie ein.

Wem gehört welches Wollknäuel?
Male den Faden von Maja rot an,
den von Emil grün und den von Felix blau.

2

Sprich laut aus, was du siehst.
Hörst du den Anfangsbuchstaben? Zeichne ihn nach.

Susanne kann ihren Schlüssel nicht mehr finden.
Kannst du ihr helfen?

4

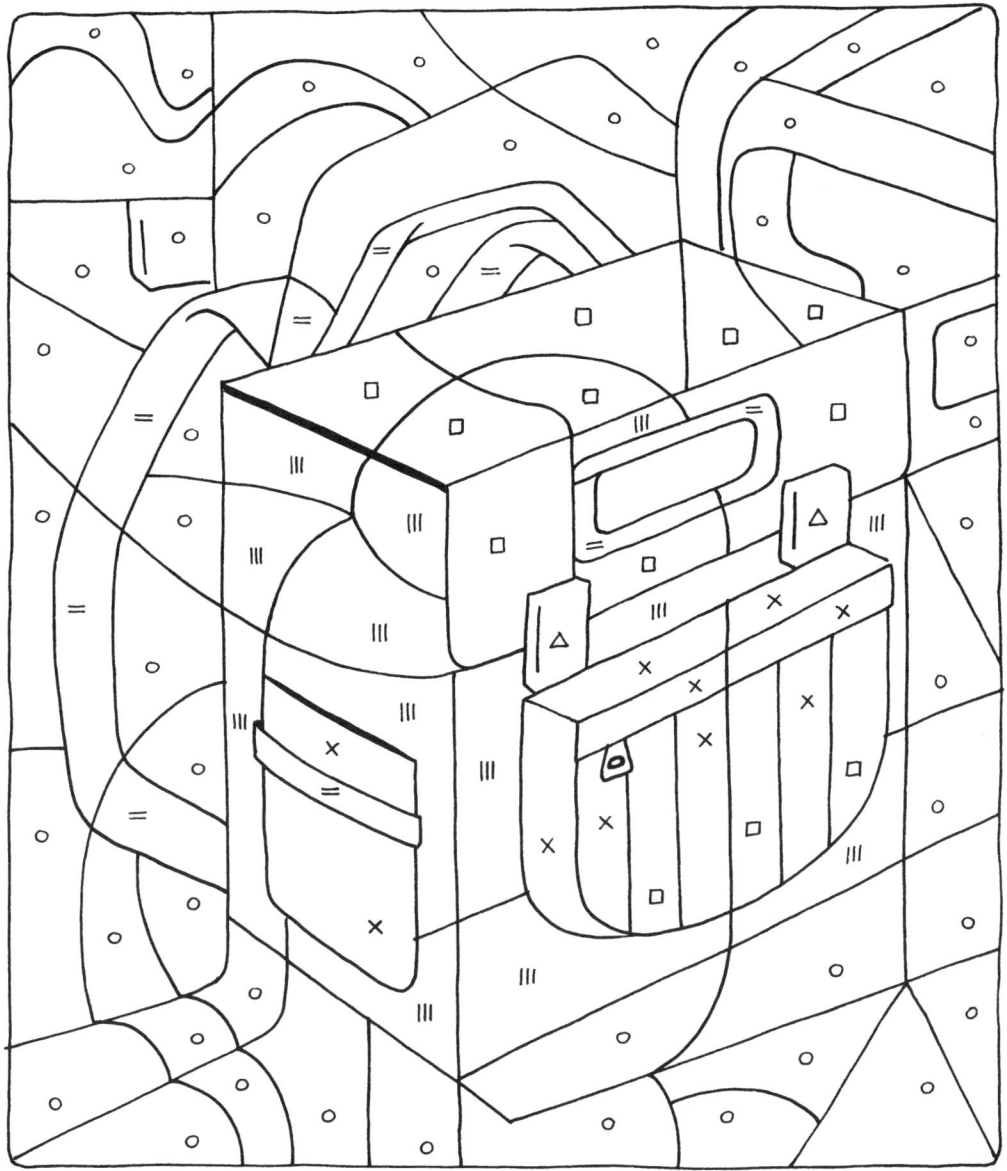

Was versteckt sich denn hier? Male das Bild so aus:

○ = Hellgrün △ = Gelb ||| = Rot

□ = Blau ✕ = Orange = = Schwarz

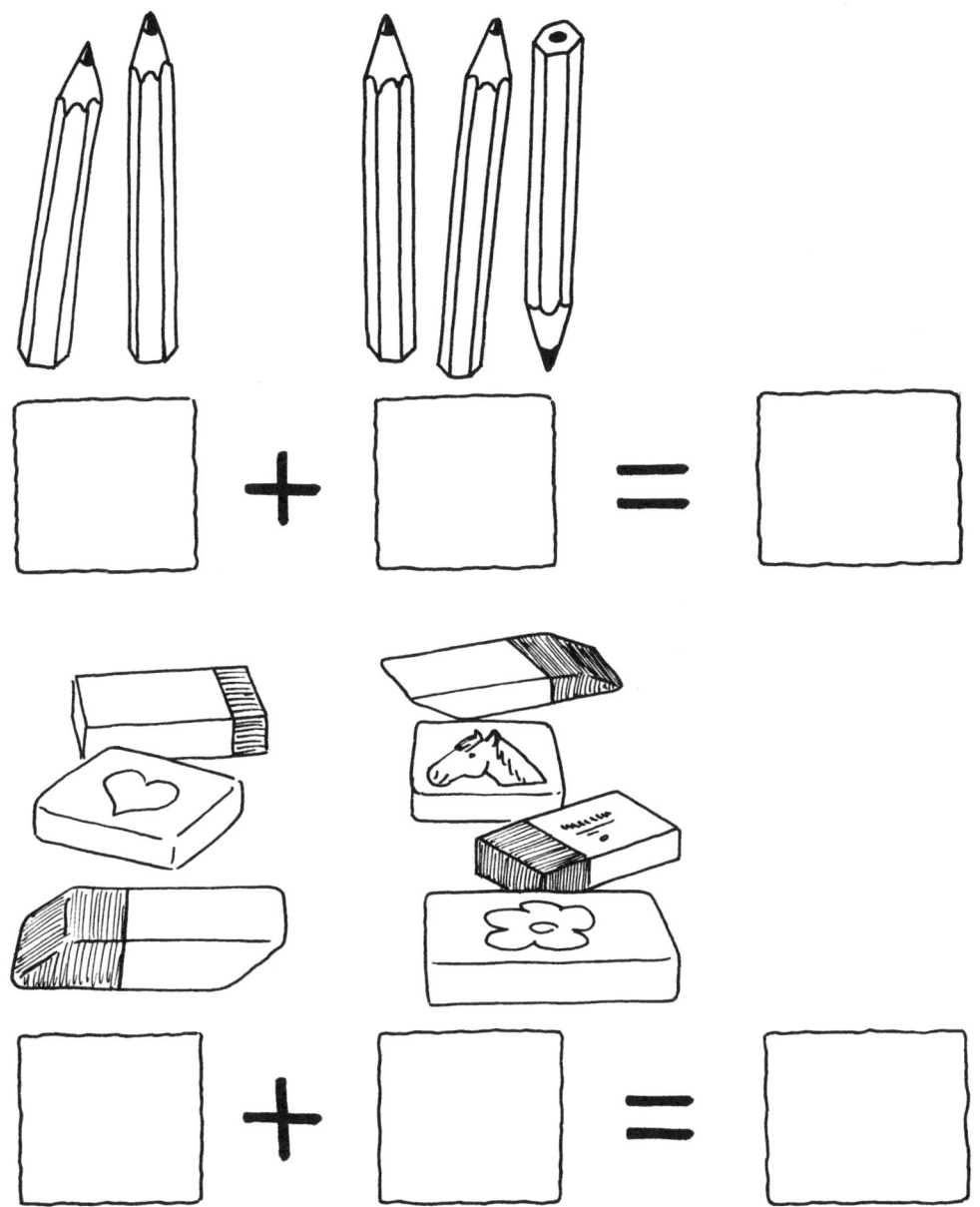

Wie viele Stifte und Radiergummis siehst du?
Trage die Zahlen in die Kästchen ein und zähle zusammen.

Kannst du erkennen, welcher Schatten zu welchem
Kind gehört? Verbinde sie mit Linien.

Frühstückszeit!
Male so viele Dinge aus, wie die Zahl anzeigt.

8

Was bekommt jeder Schulanfänger geschenkt?
Verbinde die Zahlen von 1 bis 19
und male aus, was du siehst.

9

Sprich die Worte laut aus.

Male alle Felder gelb aus, deren Dinge mit **T** beginnen.

Die anderen malst du blau an. Was siehst du?

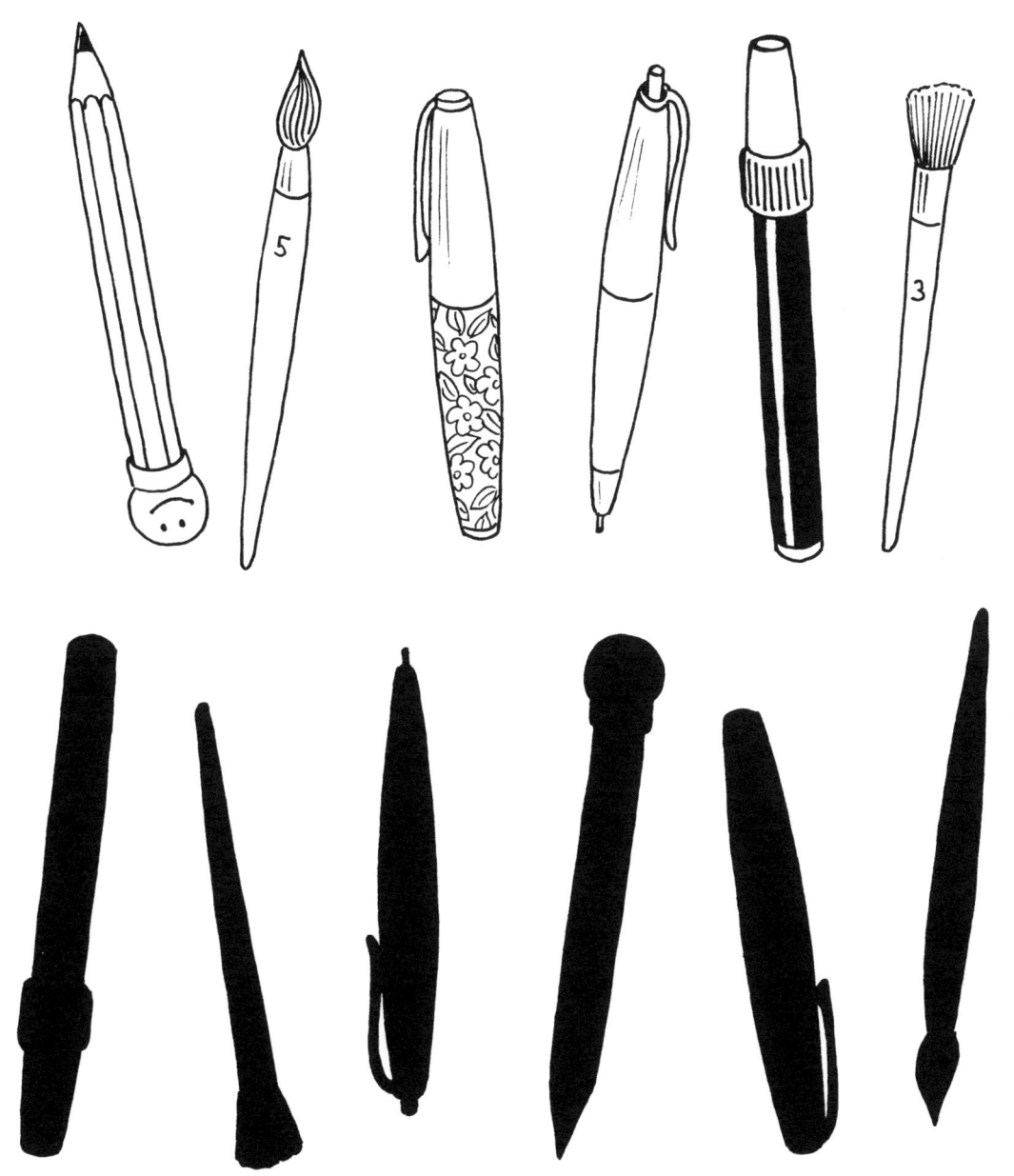

Schau genau hin und verbinde jeden Stift
mit seinem Schattenbild.

11

Die Kinder ziehen sich für den Sportunterricht um.
Immer zwei T-Shirts sind gleich. Male sie gleich aus.
Welches T-Shirt bleibt übrig?

Weißt du, zu welchen Tieren die Muster gehören?
Verbinde mit Strichen.

Wie kommt der Bär zum Honig? Zeichne den Weg ein.
Schaffst du es, ohne die Büsche zu berühren?

Suche die Muster im großen Bild und verbinde mit
Strichen. Ein Muster fehlt. Kannst du es dazumalen?

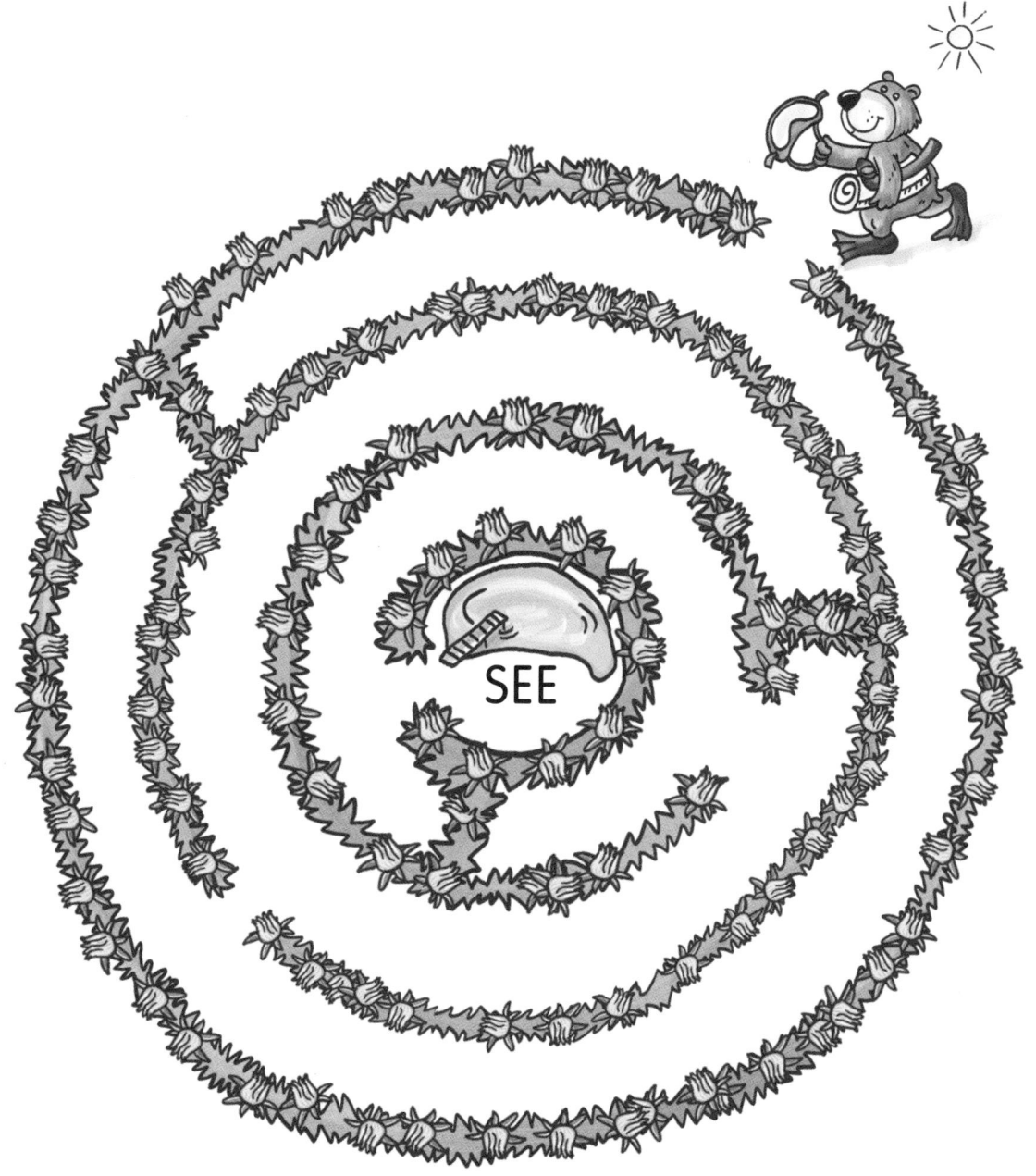

Zeigst du dem Bären den Weg zum See?
Gib acht, dass du die Disteln nicht berührst.

Ausmalbild

Male das Bild mit Farbstiften schön aus.

17

Die Maus fährt Zug, doch viele Gleise sind kaputt.
Kannst du sie reparieren?

Die Maus macht sich unter ihrem Mantel unsichtbar.
Dafür müssen alle Zickzacklinien vollständig sein.
Hilfst du mit?

Wohin will denn die Maus?
Zeichne die Linien nach, dann siehst du es ganz genau.

Hier qualmt es! Fahre die Qualmspuren nach
und zeichne noch ganz viel Qualm dazu.

0 2 5 8

Fahre mit dem Stift ganz oft die Rennstrecke ab.
Welcher Zahl ähnelt die Strecke? Male sie aus.

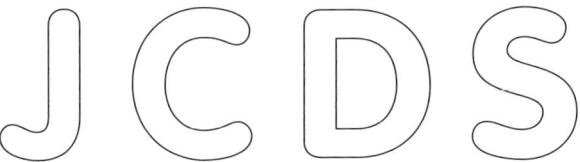

Den Schildkröten fehlt ja der Panzer!
Zeichnest du ihn dazu? Male unten die zwei
Buchstaben aus, denen der Panzer ähnelt.

Die Tiere spielen Sackhüpfen.
Kannst du ihnen die Sprünge vorzeichnen?

24

Hilf der Maus, viele große Seifenblasen zu machen.
Fahre die Pünktchenspuren nach und zeichne noch
viele Seifenblasen dazu.

So lernst du schreiben:
Spure nach!

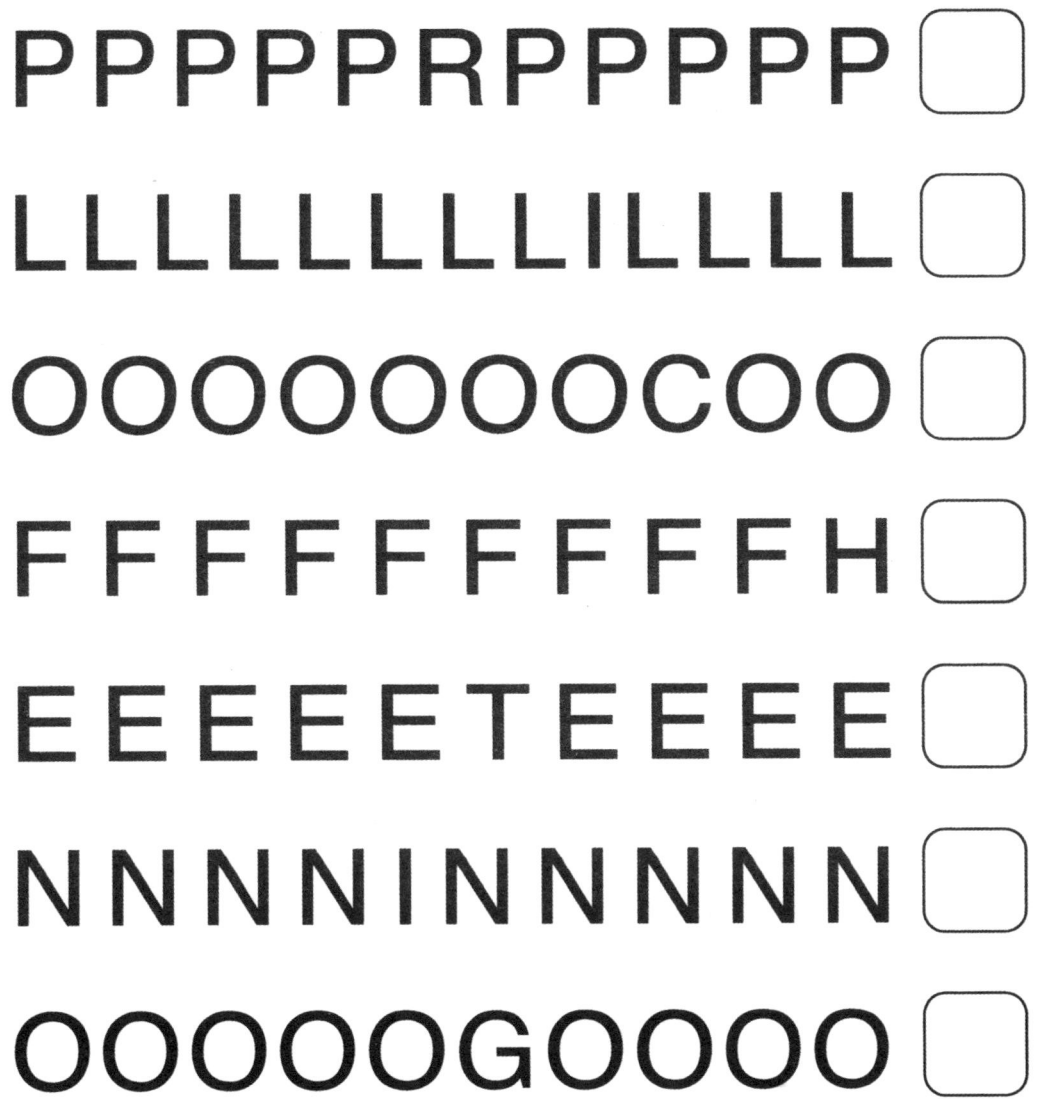

PPPPPRPPPPP ☐

LLLLLLLLILLLL ☐

OOOOOOOCOO ☐

FFFFFFFFFH ☐

EEEEETEEEE ☐

NNNNINNNNN ☐

OOOOOGOOOO ☐

In jeder Reihe passt ein Buchstabe nicht dazu.
Schreibe ihn in das Kästchen dahinter.
Welches Wort kannst du von oben nach unten lesen?

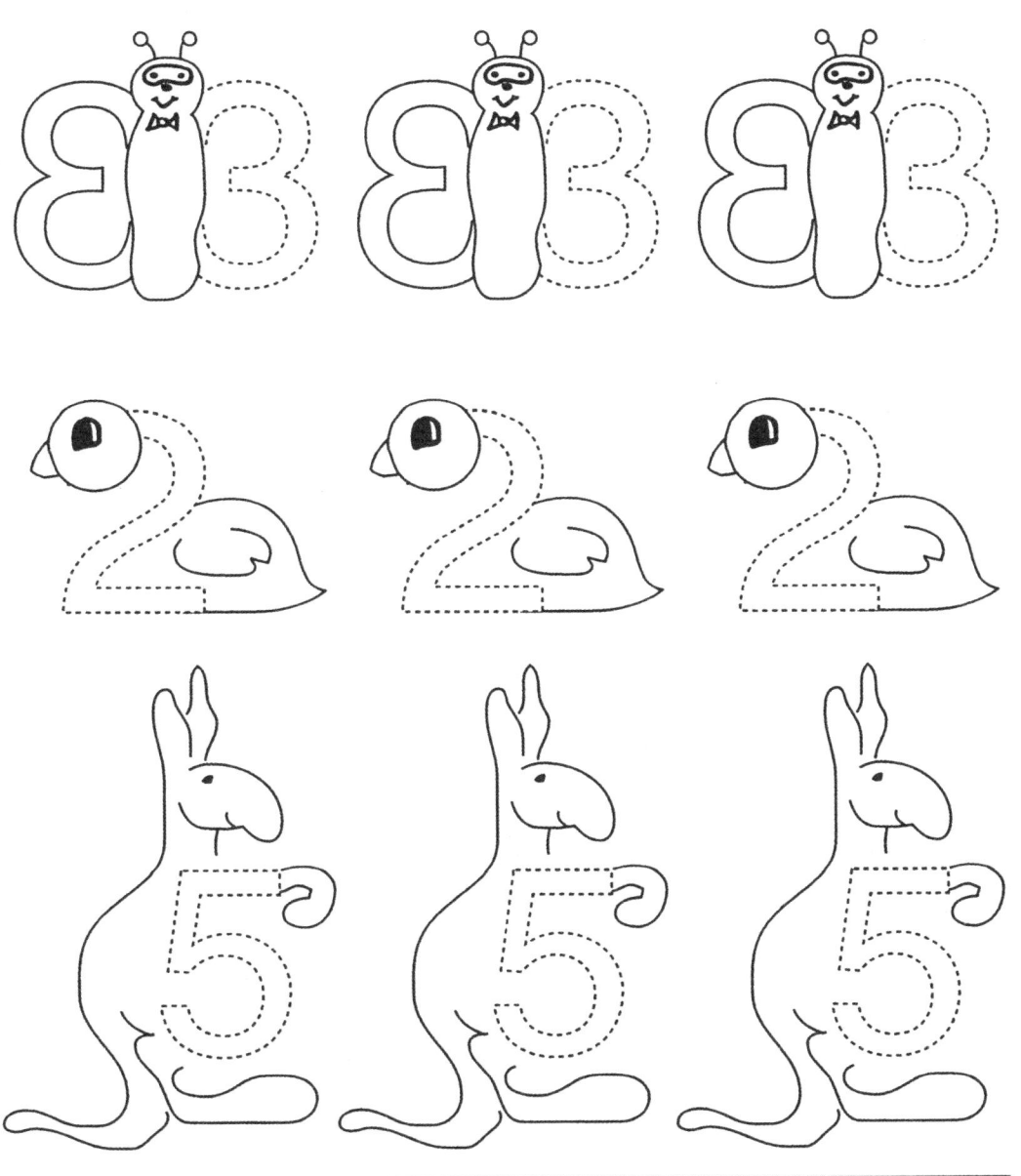

Übe dich im Zahlenschreiben!

Lösung: 2 / 4 / 4 / 2, 4

Weißt du, welche Zahlen fehlen?
Ergänze!

Male alle Käfer mit 2 Punkten rot aus,
mit 4 Punkten grün und
mit 6 Punkten gelb.

5 Finger

5 Zehen

5 Punkte

Schreibe die Zahl nach, erst mit dem Finger,
dann mit dem Stift. Male die Bilder oben bunt an.

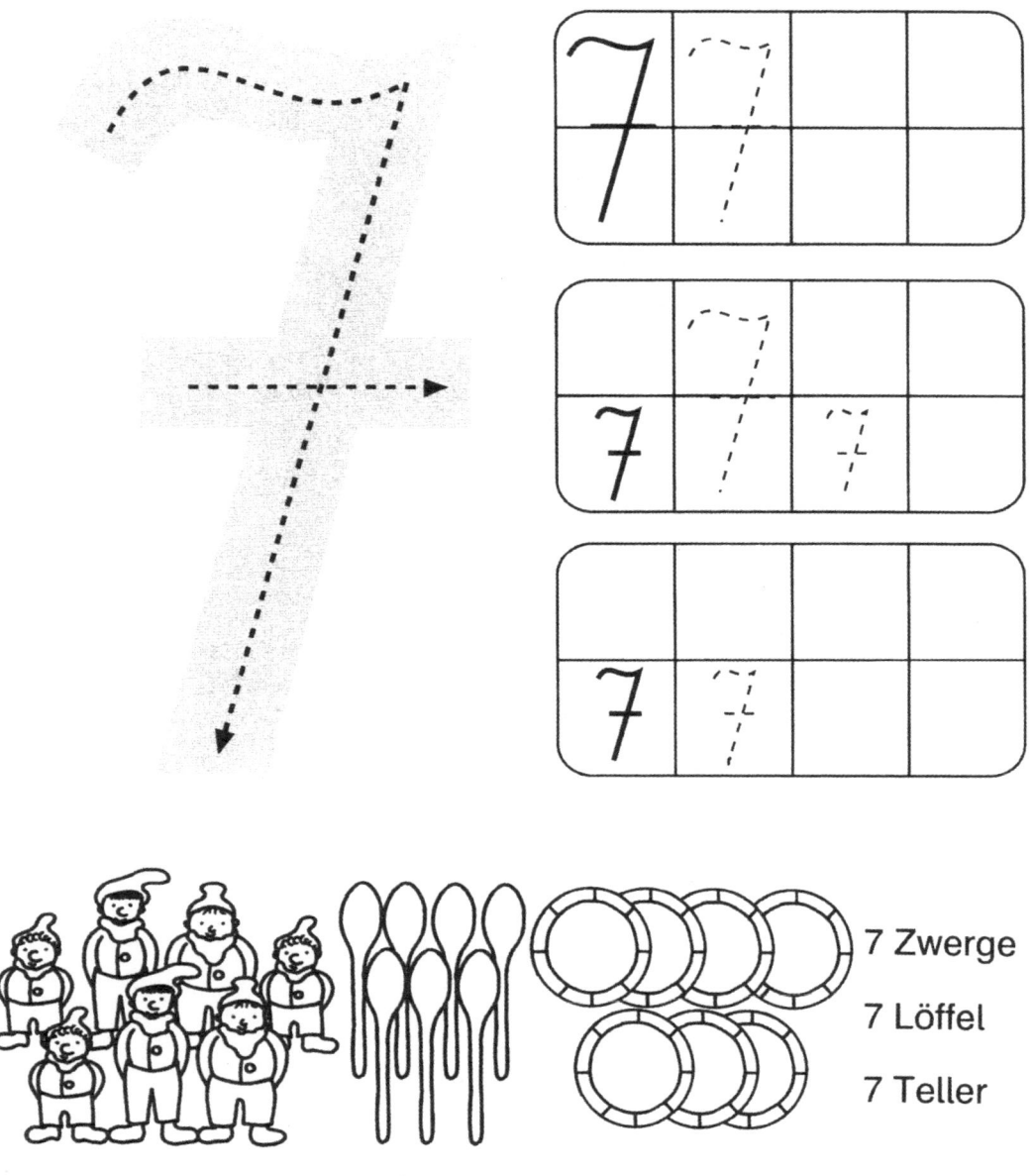

7 Zwerge

7 Löffel

7 Teller

Schreibe die Zahl nach, erst mit dem Finger,
dann mit dem Stift. Male die Bilder oben bunt an.

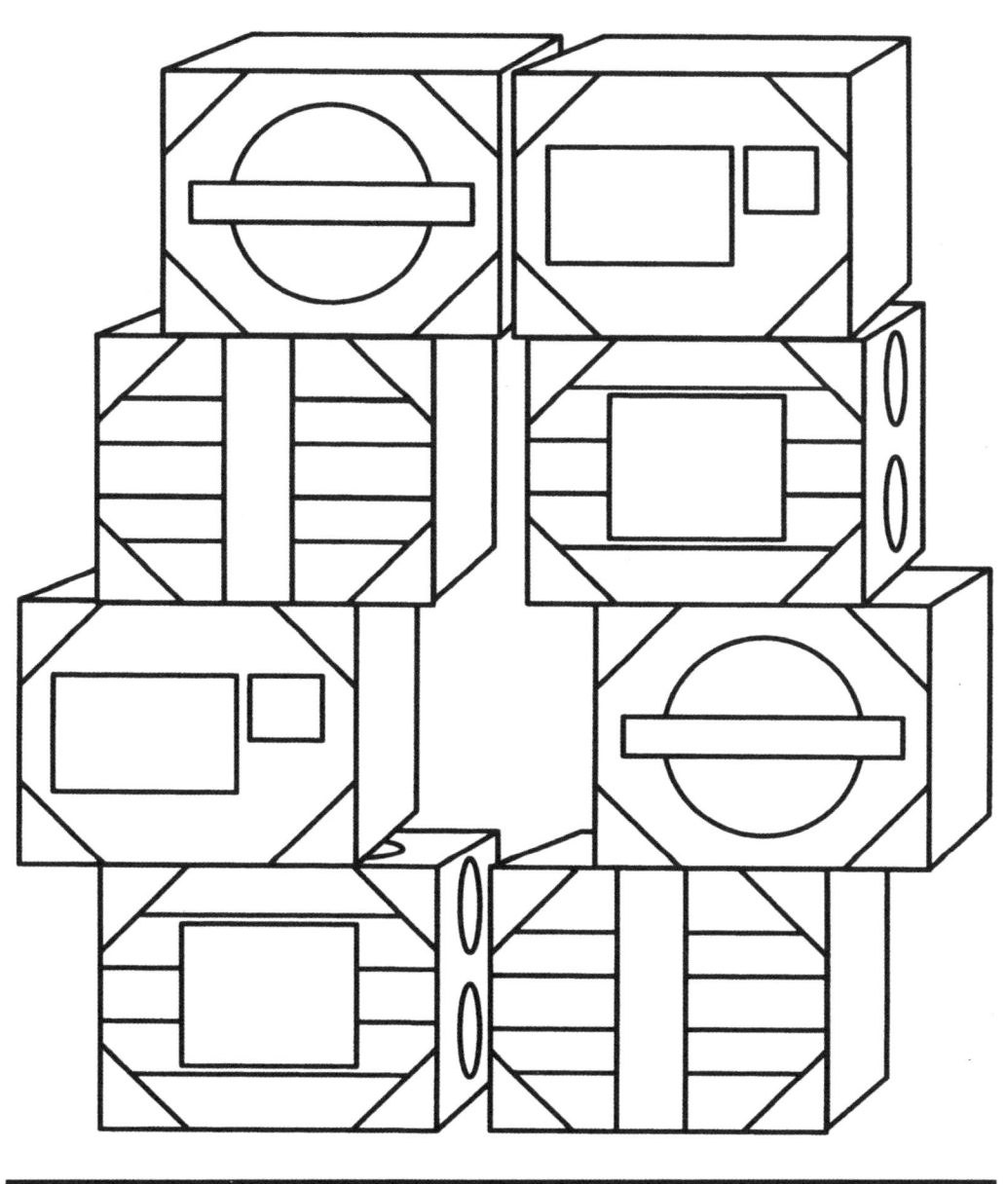

Immer zwei Pakete sind gleich.
Male sie in einer Farbe aus.

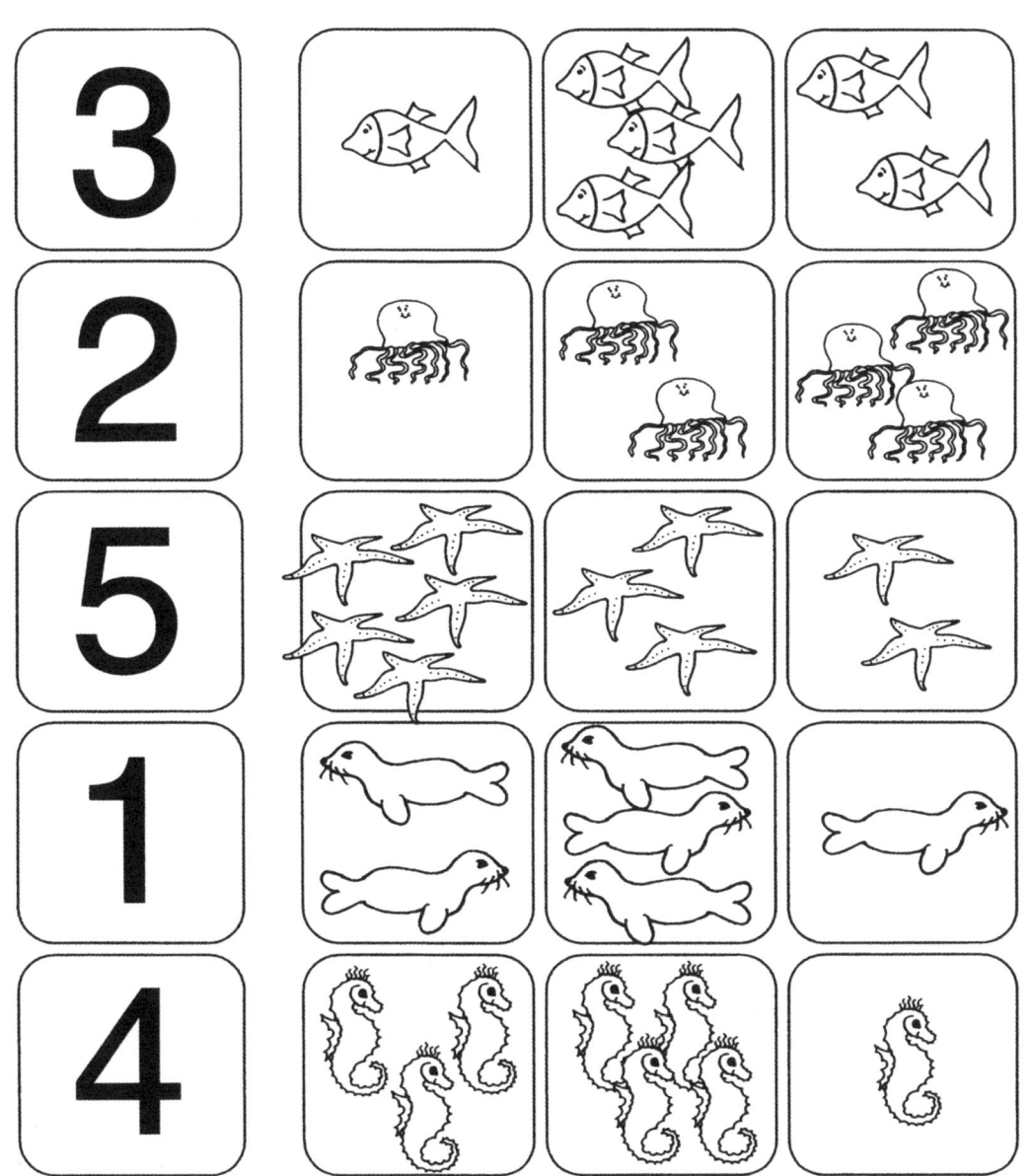

Welches Bild passt zur Zahl?
Male es aus!

Wie viele Löcher hat der Käse?
Male die richtige Zahl farbig aus.

Mit welchem Buchstaben fangen die Dinge an?
Sprich laut aus, was du siehst.
Dann zeichne den Buchstaben nach.

Nick packt seine Schultasche.
Streiche durch, was nicht hineingehört.

Sind die Bilder wirklich gleich?
Sieben Fehler haben sich versteckt. Kreise sie ein.

Kannst du schon zählen? Wie viele Dinge sind hier
abgebildet? Male den Kreis mit der richtigen Zahl aus.

Male das Bild fertig.

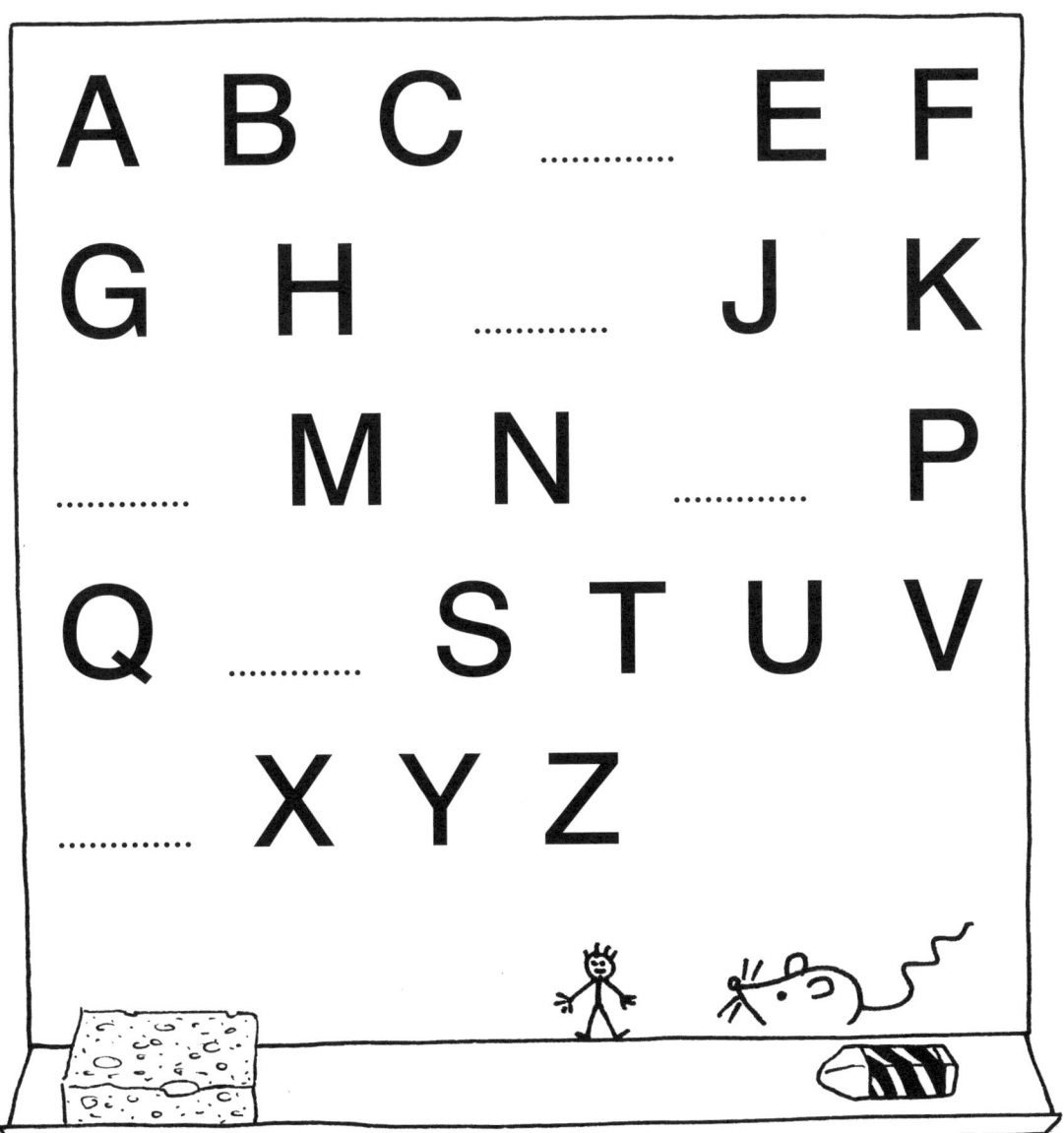

A B C .... E F

G H .... J K

.... M N .... P

Q .... S T U V

.... X Y Z

Kannst du schon das ABC?
Ergänze die fehlenden Buchstaben.

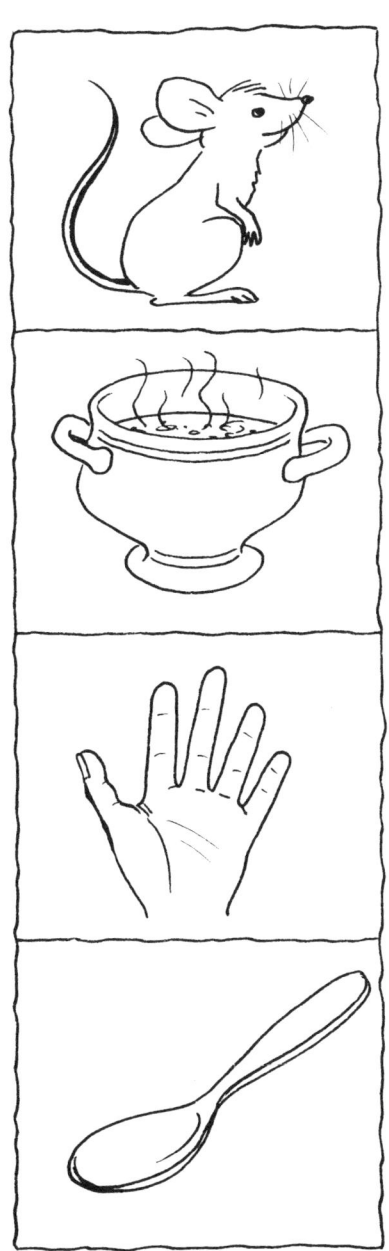

Welche Dinge haben denselben Anfangsbuchstaben?
Verbinde sie miteinander.

Sprich die Wörter laut aus. Welche beginnen mit **H**?
Male die Kästchen dieser Dinge aus. Was siehst du?

Immer zwei Früchte beginnen mit demselben Buchstaben.
Verbinde sie miteinander.

Bei welchen dieser Schulsachen hörst du ein A?
Umkreise sie und male sie aus.

Wo hörst du das G? Vorne, in der Mitte oder hinten?
Kreuze richtig an.

Wer hat den längeren Schulweg?
Maja oder Felix?

Ausmalbild

Male das Bild mit Farbstiften schön aus.

48

Die beiden Bilder sollen gleich aussehen.
Kannst du das untere Bild fertig malen?

Male mit Dino: Folge den Pünktchenspuren
und zeichne dazu, was noch fehlt.

Verbinde die Punkte.
Wer lacht dir hier entgegen?

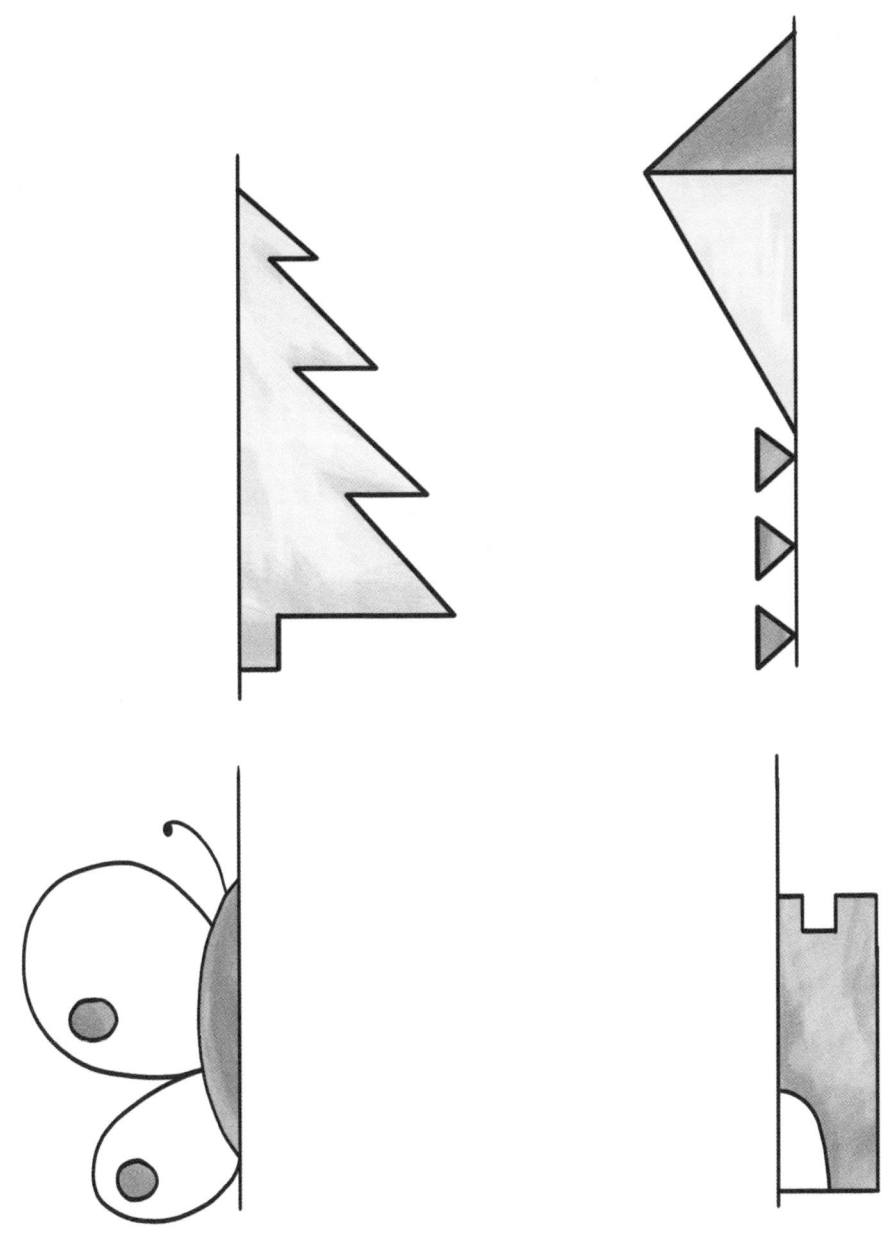

Da fehlt ja immer die Hälfte!
Zeichnest du die Bilder zu Ende?

Im Bild rechts fehlt immer etwas.
Weißt du, was? Zeichne es dazu.

53

Ausmalbild

Male das Bild mit Farbstiften schön aus.

I wie Igel, **H** wie Hase –
spure nach, und schreibe weiter.

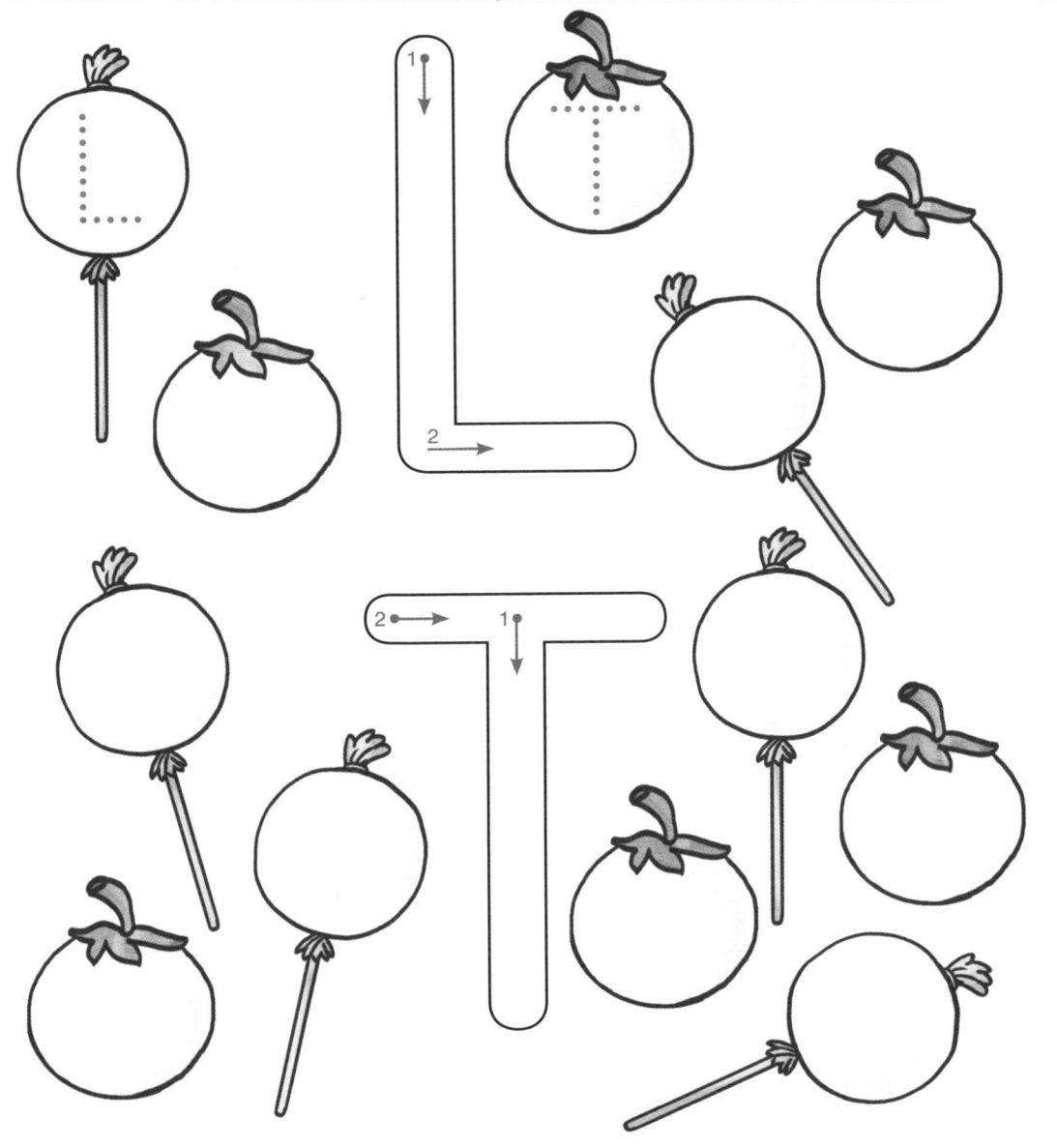

Spure zuerst die großen Buchstaben nach.
Schreibe dann auf alle Lutscher ein **L**
und auf alle Tomaten ein **T**.

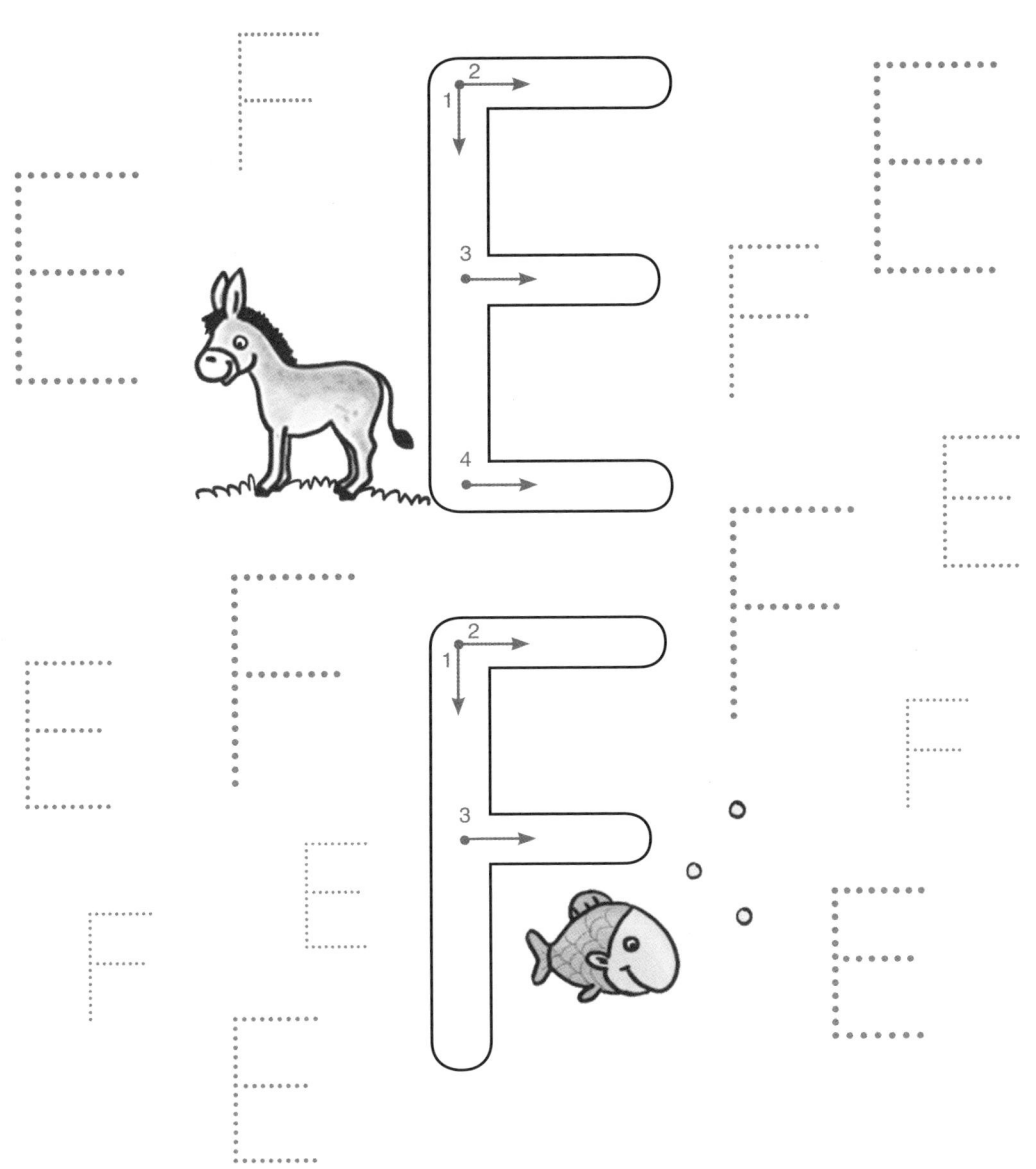

Alle **E** sollen grau werden wie der Esel
und alle **F** gelb wie der Fisch.
Spure in der richtigen Farbe nach.

57

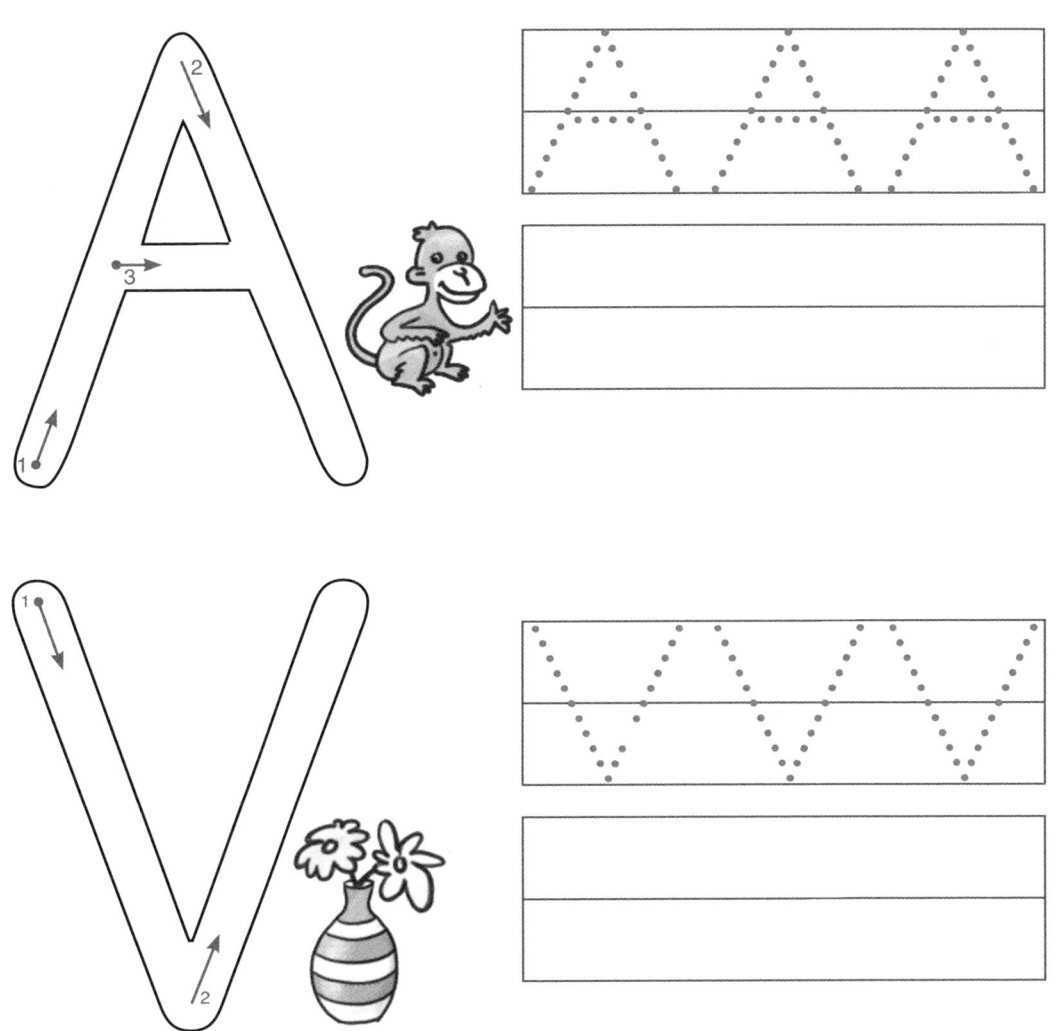

Spure **A** und **V** nach.
Kannst du sie schon alleine schreiben?
Probiere es aus.

Entdeckst du alle **N** und **Z**?

Spure alle **N** gelb nach und alle **Z** in einer anderen Farbe.

Hoppla, die Buchstaben sind angeknabbert.
Ergänze, was fehlt.

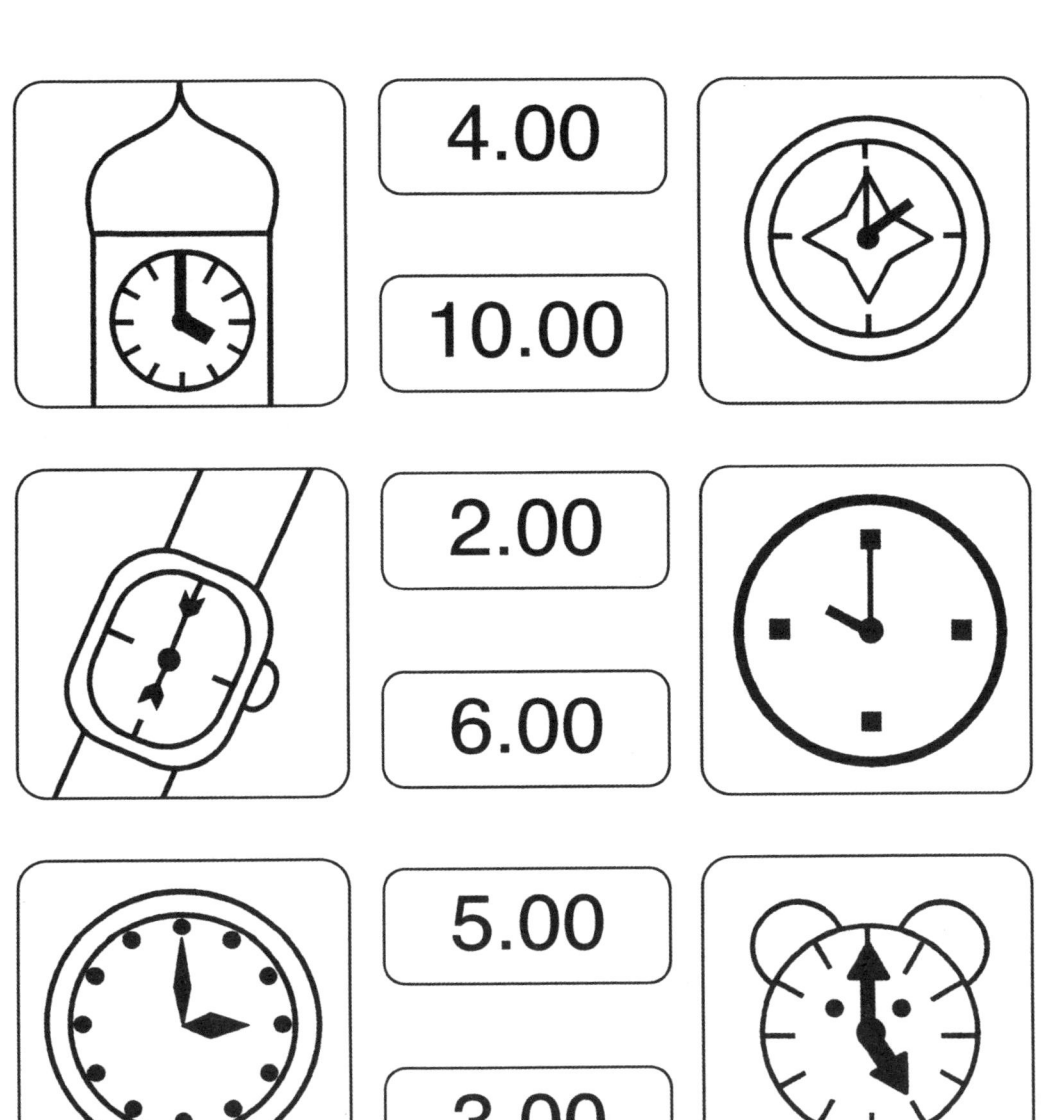

4.00

10.00

2.00

6.00

5.00

3.00

Kennst du schon die Uhrzeit? Wie spät ist es?
Verbinde mit einer Linie.

Immer zwei Zeichen sind gleich.
Suche sie und male sie aus!

AF8PU
L1W4KZ7M
E2RD9YB6
1VN5ST3F
PL8UG4HE
1JX7Q

Male alle Zahlen bunt aus!

Zähle die Punkte auf den Steinen zusammen.
Schreibe die Zahl in das Kästchen.

64

Vier Kinder feiern Geburtstag. Wie alt werden sie?
Kreuze die richtige Zahl an und male die Torten bunt aus.

9 neun   7 sieben   4 vier   5 fünf   6 sechs   3 drei

Kennst du die Uhr?
Schreibe die richtige Zeit daneben.

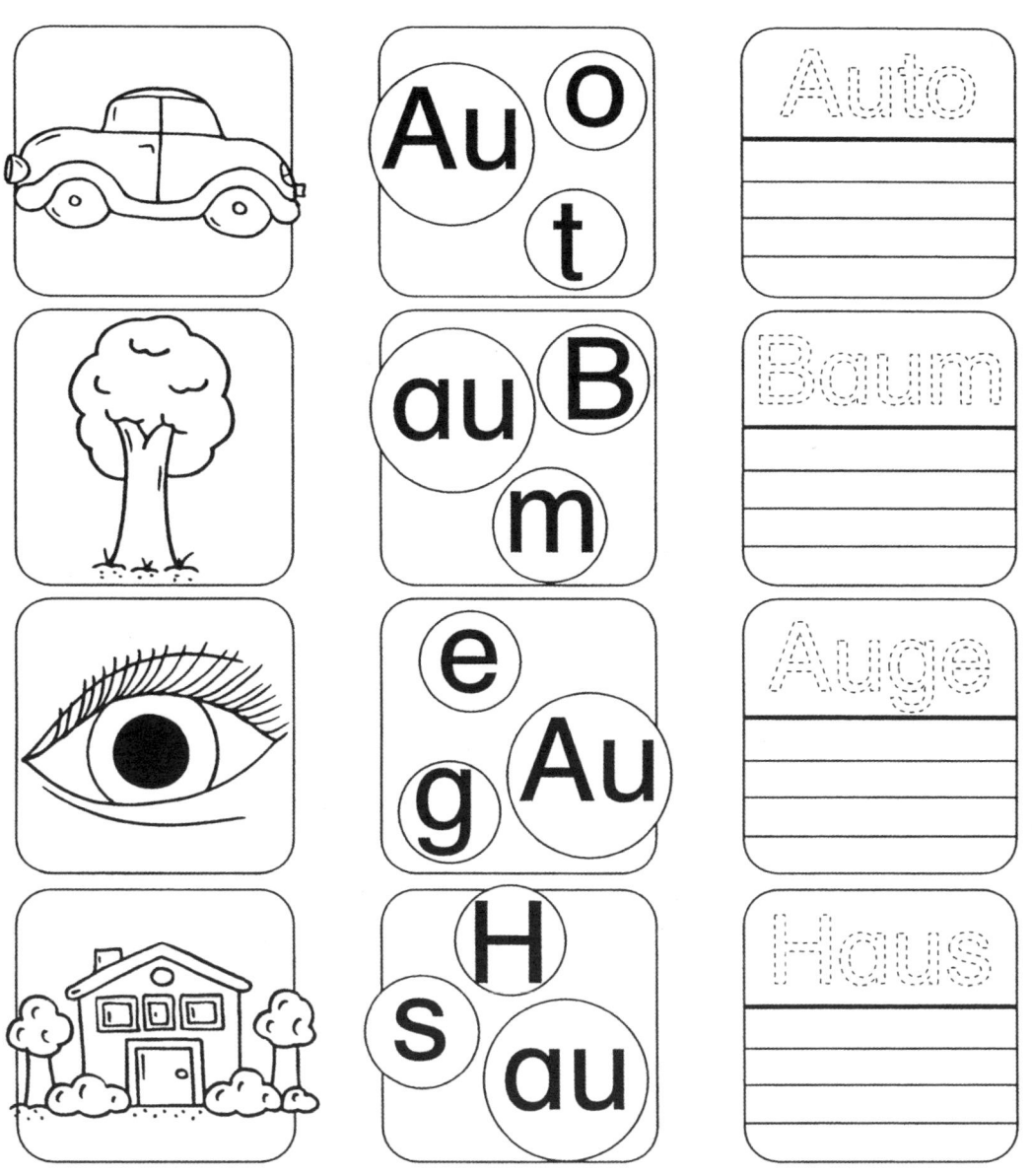

Wörter mit Au/au:
Kannst du sie schon selbst schreiben?

$3 - 1 = \bigcirc$

$3 + 1 = \bigcirc$

$5 - 2 = \bigcirc$

Kannst du das schon ausrechnen?

So lernst du schreiben:
Spure die gestrichelten Linien nach
und probiere es dann selbst!

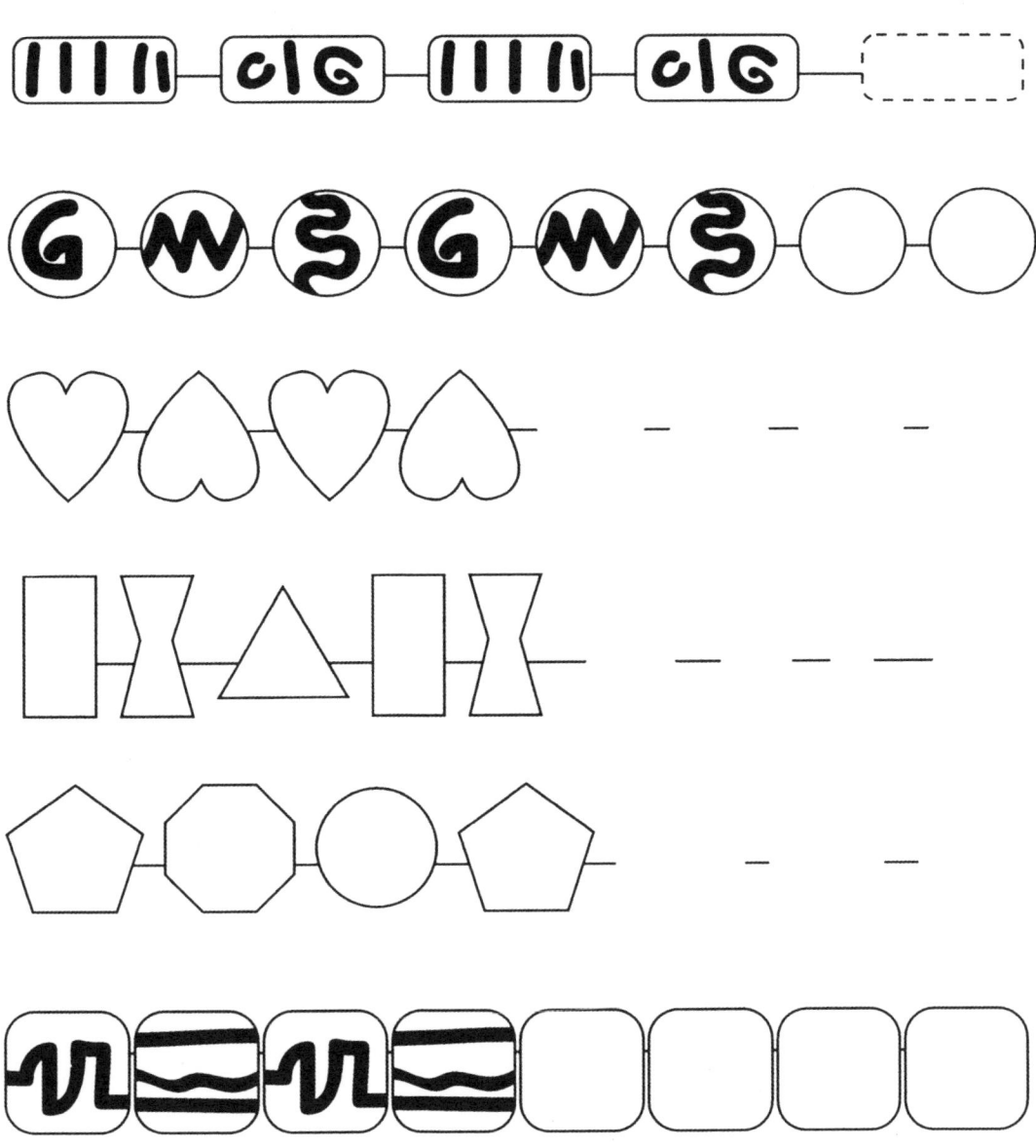

Perlenketten basteln! Welcher Stein kommt als Nächstes?
Male ihn dazu!

Was hat Luisa heute für die Pause mit?
Verbinde die Zahlen von 1 bis 12 und die Buchstaben
von A bis P, dann siehst du es.

Wie könnte Sarah an ihrem Teppich weiterweben?
Denk dir Muster aus und male sie auf den Teppich.

3 4 5 6 7 8

Im Sportunterricht braucht man viele Geräte.
Verbinde die richtige Zahl mit den Bildern.

Wo findest du die Ausschnitte wieder?
Kreise die Stellen im großen Bild ein.

Immer zwei Tiere fangen mit demselben Buchstaben an.
Einer ist groß geschrieben, der andere klein.
Verbinde die zusammengehörenden Buchstaben
miteinander.

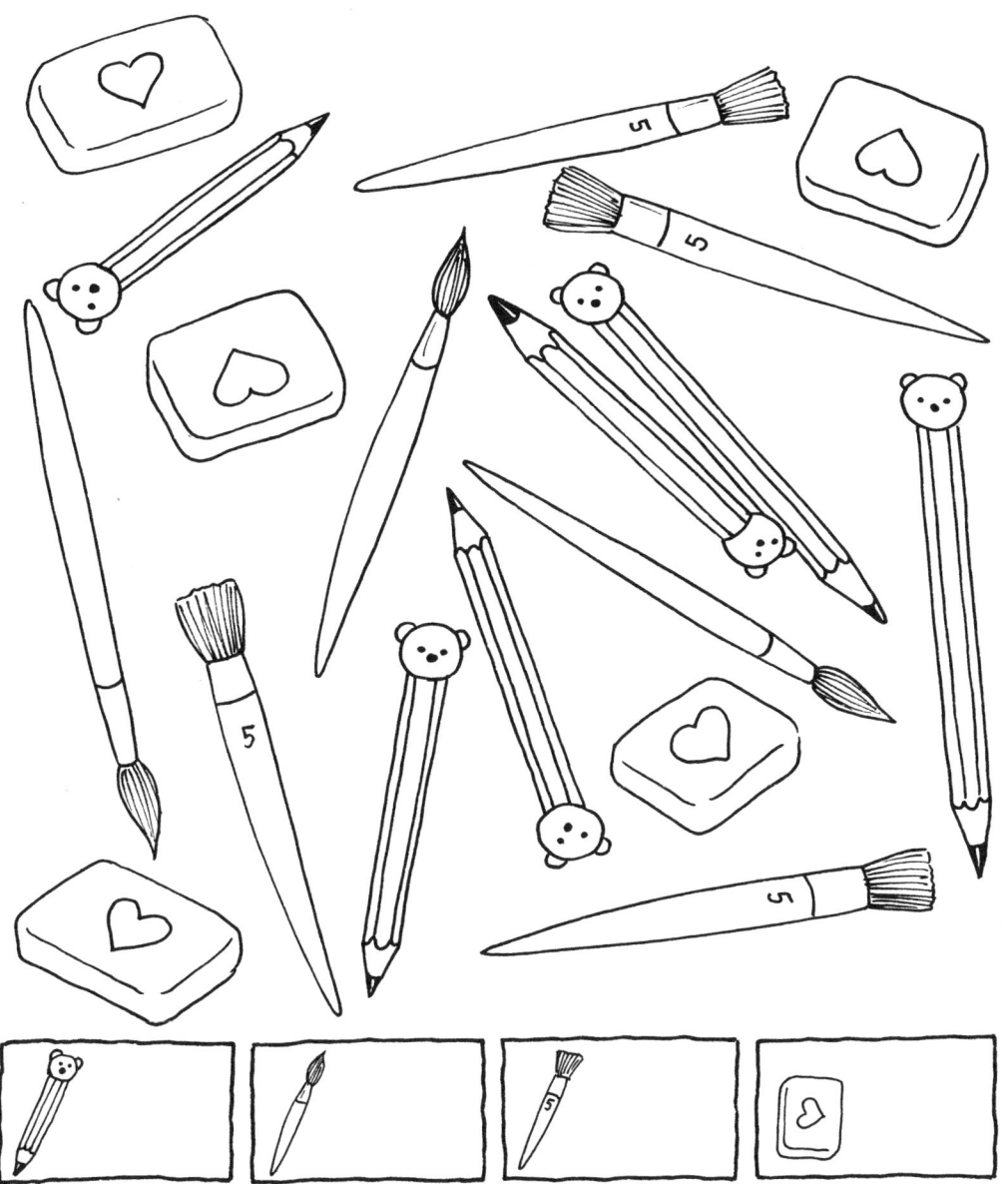

Wie viele Pinsel, Stifte und Radiergummis siehst du?
Schreibe die Zahlen in die Kästchen und male
alle Dinge aus.

Male so viele Bilder in die Kästchen,
wie die Zahl in der Ecke vorgibt.

Kannst du schon Zahlen schreiben?
Fahre die gestrichelten Linien genau nach.

In der großen Pause ist viel los.
Kannst du die Puzzleteile richtig zuordnen?

Die Lehrerin verteilt beim Ausflug Melonenstücke.
Zähle die Kerne und verbinde die Stücke
jeweils mit der richtigen Zahl.

Die Kinder sollen ihre Lieblingstiere zeichnen.
Kannst du sie fertig malen?

Hier sollen jeweils nur drei Dinge stehen.
Streiche durch oder male dazu, damit es stimmt.

Welche Dinge reimen sich?
Verbinde sie mit Linien.

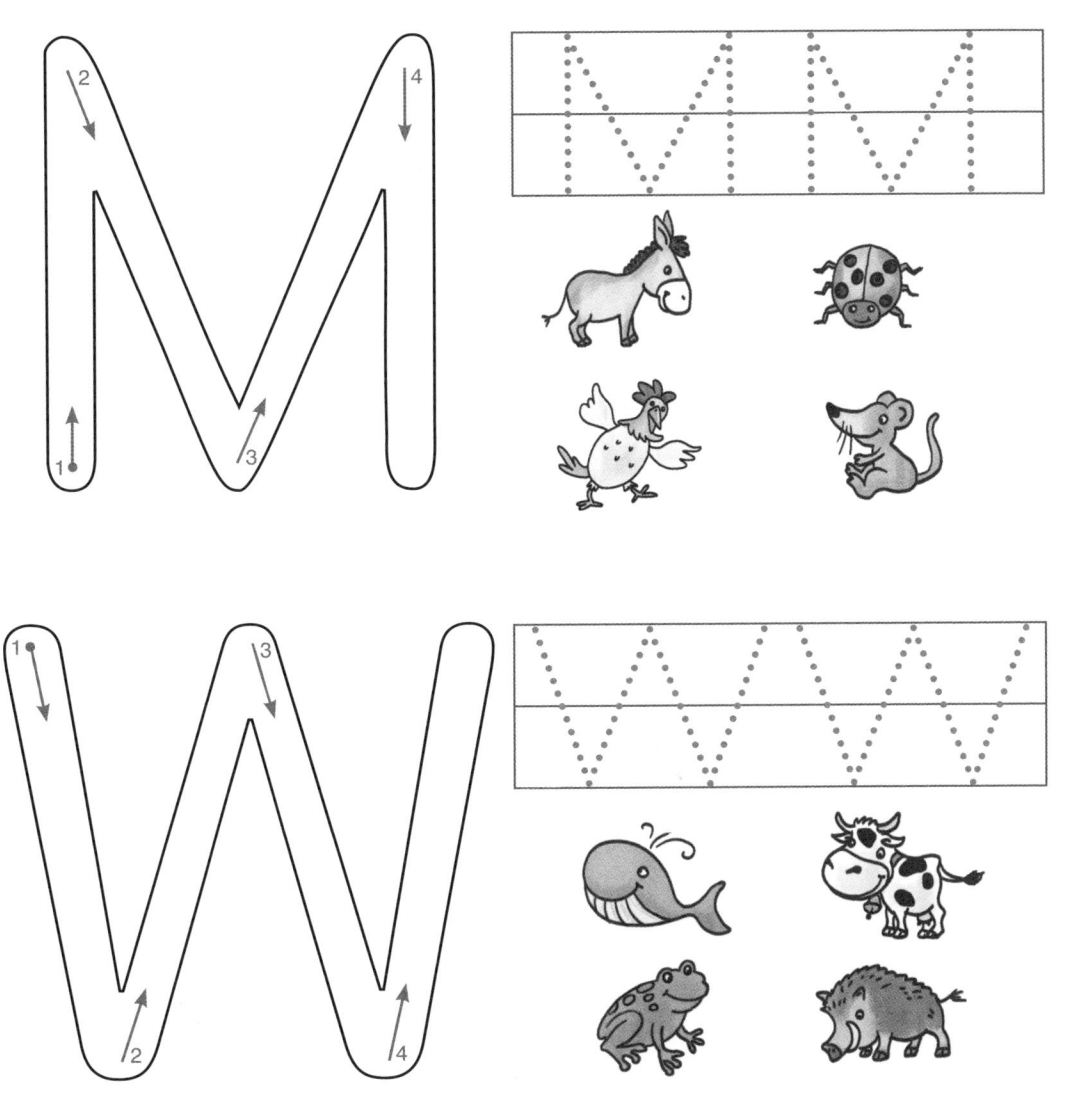

Spure alle **M** und alle **W** nach.
Wo hörst du am Anfang **M** oder **W**?
Kreise die richtigen Tiere ein.

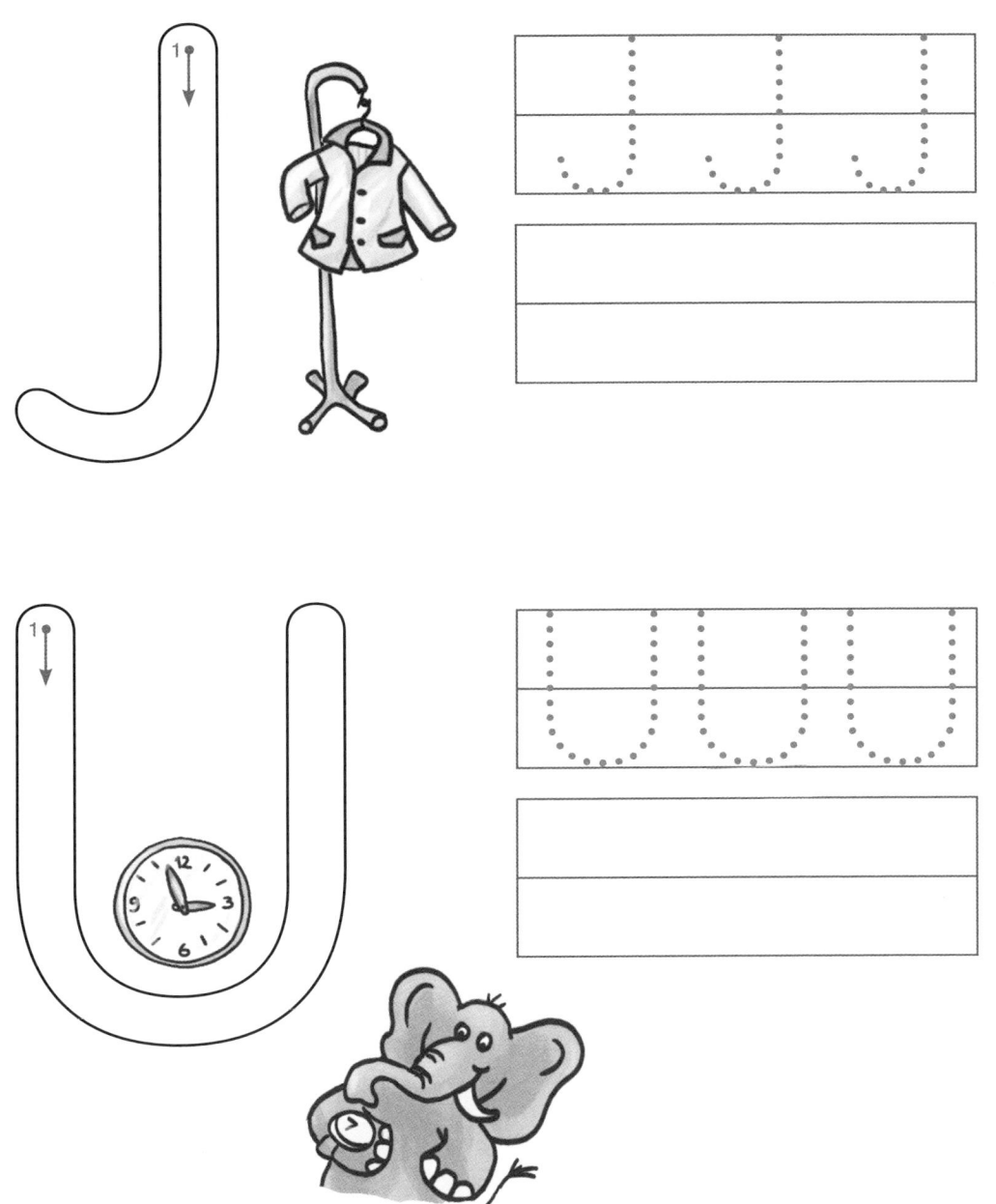

Spure die Buchstaben nach.
Kannst du sie schon alleine schreiben?

Wo entdeckst du **C** und **G**?
Spure sie alle farbig nach.

Spure das **B** wie Banane und das **D** wie Dino nach.
Wo hörst du noch am Anfang **B** oder **D**? Verbinde.
Achtung: Ein Gegenstand bleibt übrig.

87

Oje, manche Buchstaben sind falsch geschrieben!
Spure die richtigen Buchstaben nach,
und streiche die falschen durch.

„Oh", rufen die Tiere oben erstaunt.
Schreibe **O** in die Sprechblasen.
„Quak", machen die Frösche.
Schreibe **Q** in die Sprechblasen.

Spure nach, male dann alle Felder mit **S** und **X** aus.

Ausmalbild

Male das Bild mit Farbstiften schön aus.

91

Wo wohnen Bär, Maus und Dino?
Fahre die Linien nach, und male die Fahnen oben und
unten in der gleichen Farbe an.

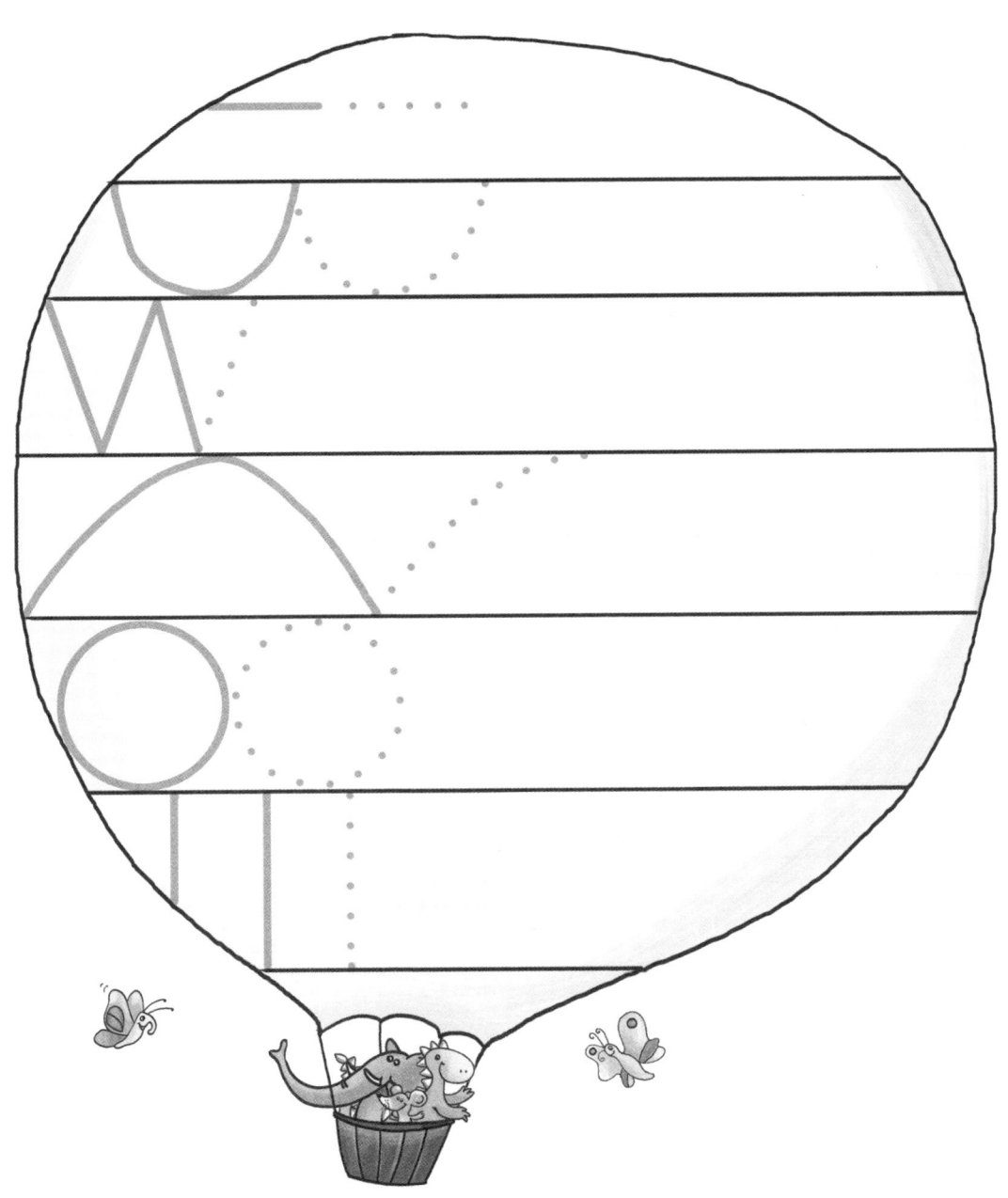

Kannst du das Muster alleine fertig zeichnen?

B O P S

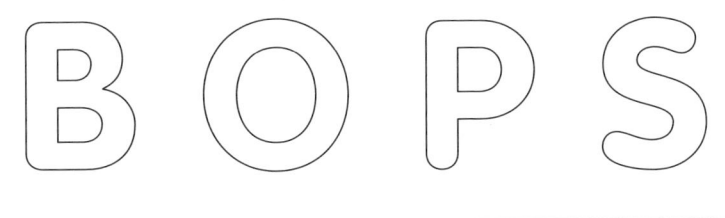

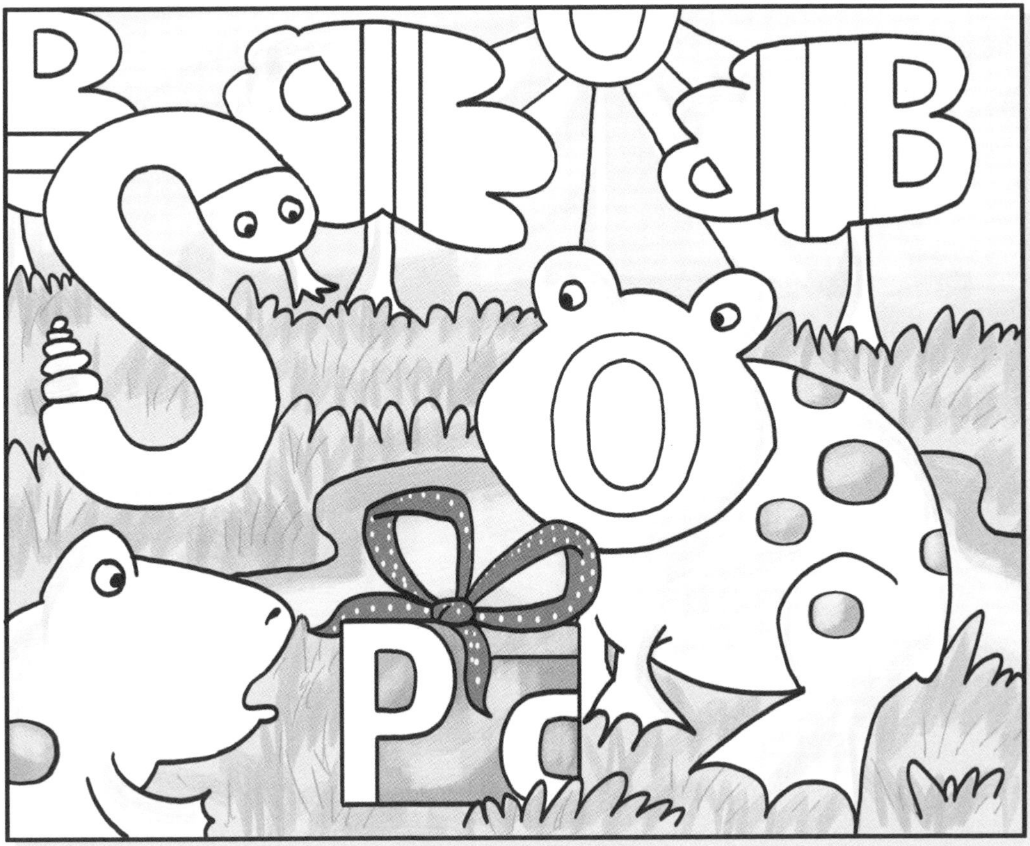

Entdeckst du diese Buchstaben im Bild?
Spure die Buchstabenpaare in der gleichen Farbe nach.

Geheimnisvolle Buchstaben im Sand!
Spure sie nach, und schreibe sie in die Kästchen.
Kannst du das Wort schon lesen?

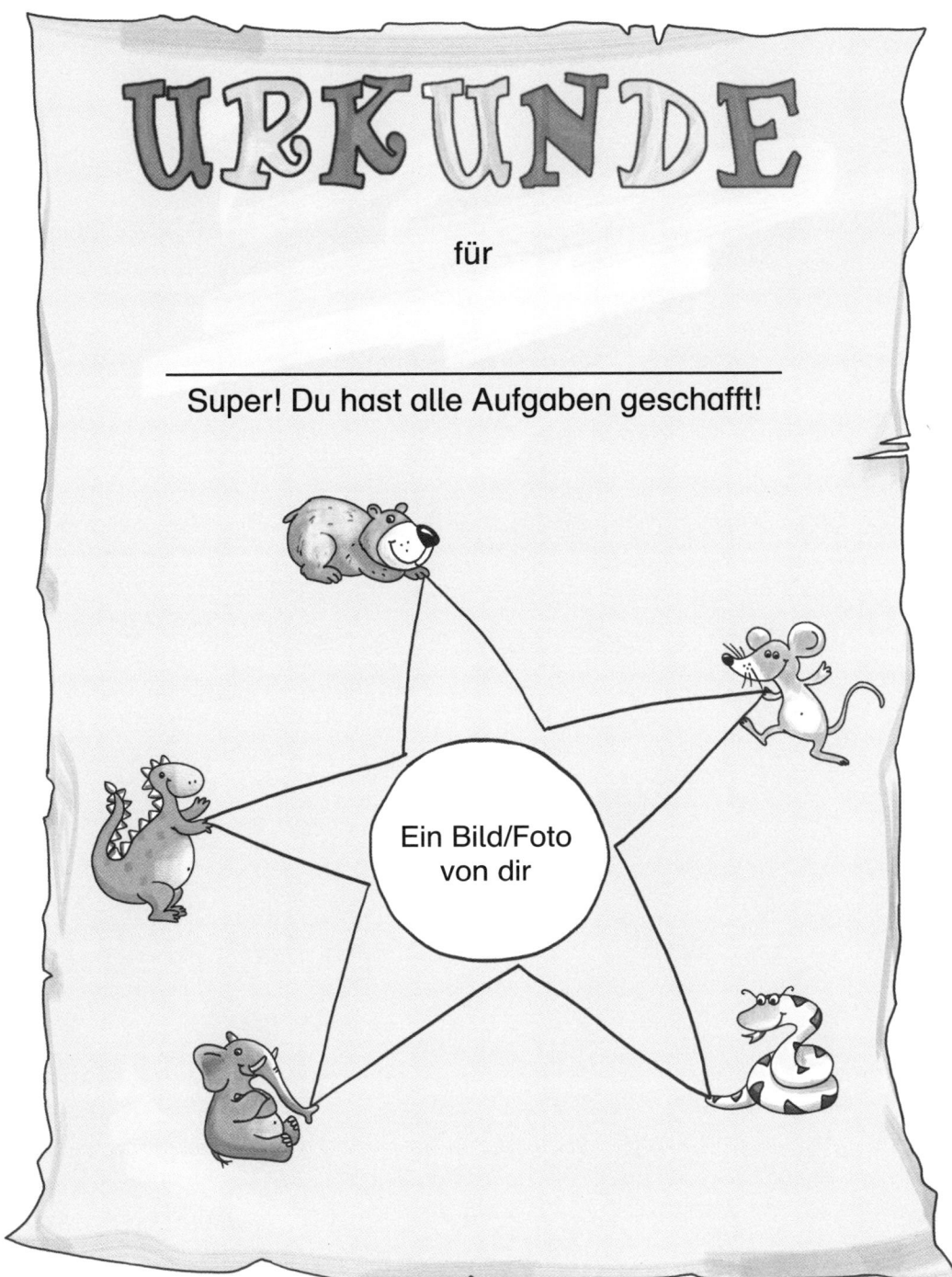